Pour Emma, coucou dans les deux sens.

 lola_simone

 Lola Guilloux

Dire "non" peut s'avérer être l'une des tâches les plus compliquées dans la relation client. On peut avoir l'impression de prendre le risque de perdre ce client, de bafouer la confiance qu'il place en nous, mais aussi, si nous travaillons en entreprise avec une hiérarchie installée, nous pouvons ressentir une certaine pression de la part de nos managers.
Bref, **dire "non"** à un client demande du courage, de la réflexion et est très souvent une énorme source de stress.

Pourtant, savoir rejeter de façon fondée les demandes d'un client a plusieurs bienfaits et peut avoir un impact bénéfique sur votre travail et votre collaboration.

CE QUE VOUS GAGNEZ À DIRE « NON » À VOS CLIENTS :

Rejeter une demande vous rend responsable de plusieurs facteurs importants. Vous laissez respirer vos collègues et vous-même. Vous vous laissez du temps pour gérer les imprévus qui arrivent sans exception dans chaque projet. Vous ne laissez pas vos équipes crouler sous le travail et vous rendez donc tout le monde bien plus efficace.
Ce « non » vous place alors en vrai garant de la qualité de service que vous pouvez offrir, et permet d'assoir la confiance que vos équipes placent en vous.

2

Vous faites comprendre à votre client qu'il ne peut pas vous demander tout et n'importe quoi, et que lui aussi, doit réfléchir au bien fondé de ses demandes avant de vous les faire parvenir.

Vous placez ainsi votre relation sur le palier de la collaboration et non de la sous-traitance.

3

Vous donnez alors bien plus d'impact à vos « oui », qui paraîtront ainsi réfléchis et puissants.

Le "non" donne à votre expertise de la crédibilité.

Vous vous accordez le respect que vous méritez.
Dire oui à tout, peu importe le prix, ne donne pas une image positive de vous sur le long terme.

Votre client doit sentir que vous savez ce que vous voulez ou ne voulez pas, et qu'il doit faire confiance à votre expertise.

Mais voilà, dire non à un client, ça reste compliqué parfois.

Alors, on a listé pour vous 50 façons de dire non
(mais gentiment).

En fait il y a 52 raisons, mais c'était pas terrible pour le titre.

De rien, c'est cadeau.

EXPLIQUER QUE C'EST NUL

(mais gentiment)

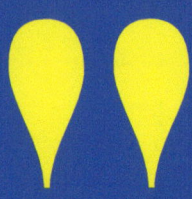

Nous vous recommandons quelque-chose de plus impactant

Il faudrait rechallenger cette idée

Nous pensons que ceci n'est pas adapté à la cible

Il est difficile de se projeter avec une telle idée

Nous ne recommandons pas ceci

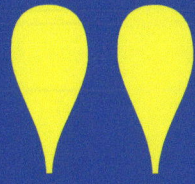

Nous pouvons vous proposer mieux

Nous pensons que ceci détonne de la stratégie globale

Ceci n'est pas faisable en l'état

Cela me semble bien, cependant je recommande d'y ajouter un petit quelque-chose

Ce format n'est pas adapté au temps de lecture accordé par la cible

On pourrait imaginer autre chose

Je doute fortement de l'impact de ceci

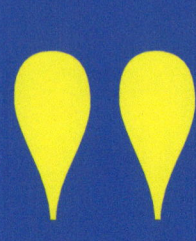

On pourrait faire quelque-chose de similaire mais qui mettrait davantage en avant vos atouts

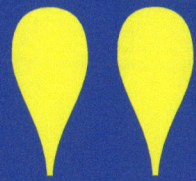

La cible n'est pas sensible à ce type de contenu

Cela ne me paraît pas bien clair

De notre côté, nous pensons qu'il faut voir les choses sous un autre prisme

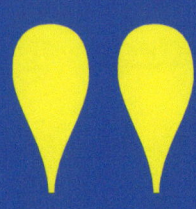

Je pense qu'il faut organiser un brainstorming tous ensemble pour éclaircir l'idée

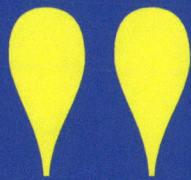

On s'éloignerait trop de votre identité

Cela ne nous semble pas faisable

Ceci ne va pas assez accrocher le lecteur, qui est évidemment au centre de toute notre stratégie

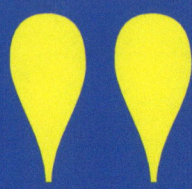

On peut envisager ceci, mais vous devez garder en tête que cela aura l'effet inverse de la stratégie que nous mettons actuellement en place

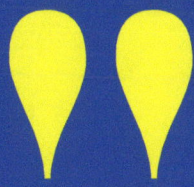

Je ne pense pas que cela soit adapté

Ceci ne correspond pas aux usages actuels

Cette idée
me paraît inadéquate

EXPLIQUER QU'ON A PLUS URGENT À FAIRE
(mais gentiment)

Je dois consulter mon agenda et je vous redis sous peu

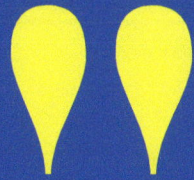

Si vous voulez réaliser ceci, nous devons déprioriser autre chose

Je ne pourrai pas me libérer

Nous vous prions de nous excuser, mais nous n'aurons pas le temps de réaliser ceci

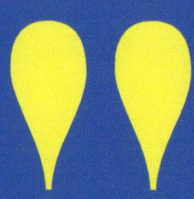

Les équipes manquent de temps et vont donc favoriser les priorités pour le moment

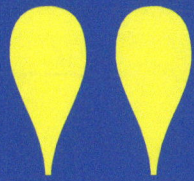

Cela ne va pas être possible en termes de temps pour le moment, mais vous pouvez me solliciter de nouveau à partir d'avril.

Ceci n'est pas la priorité

Je ne suis pas disponible pour vous accompagner dans ce projet, en revanche j'ai sûrement un contact qui le serait. Que diriez-vous de le contacter de ma part ?

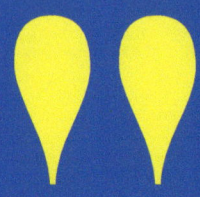

Il est important de d'abord gérer le projet 1 que nous réalisons ensemble en ce moment

Etes-vous certain.e de vouloir réaliser un projet d'une telle envergure maintenant ?

Je ne suis pas en mesure de vous aider en ce moment

Ce projet demande du temps en plus, que nous n'avons pas à notre disponibilité actuellement

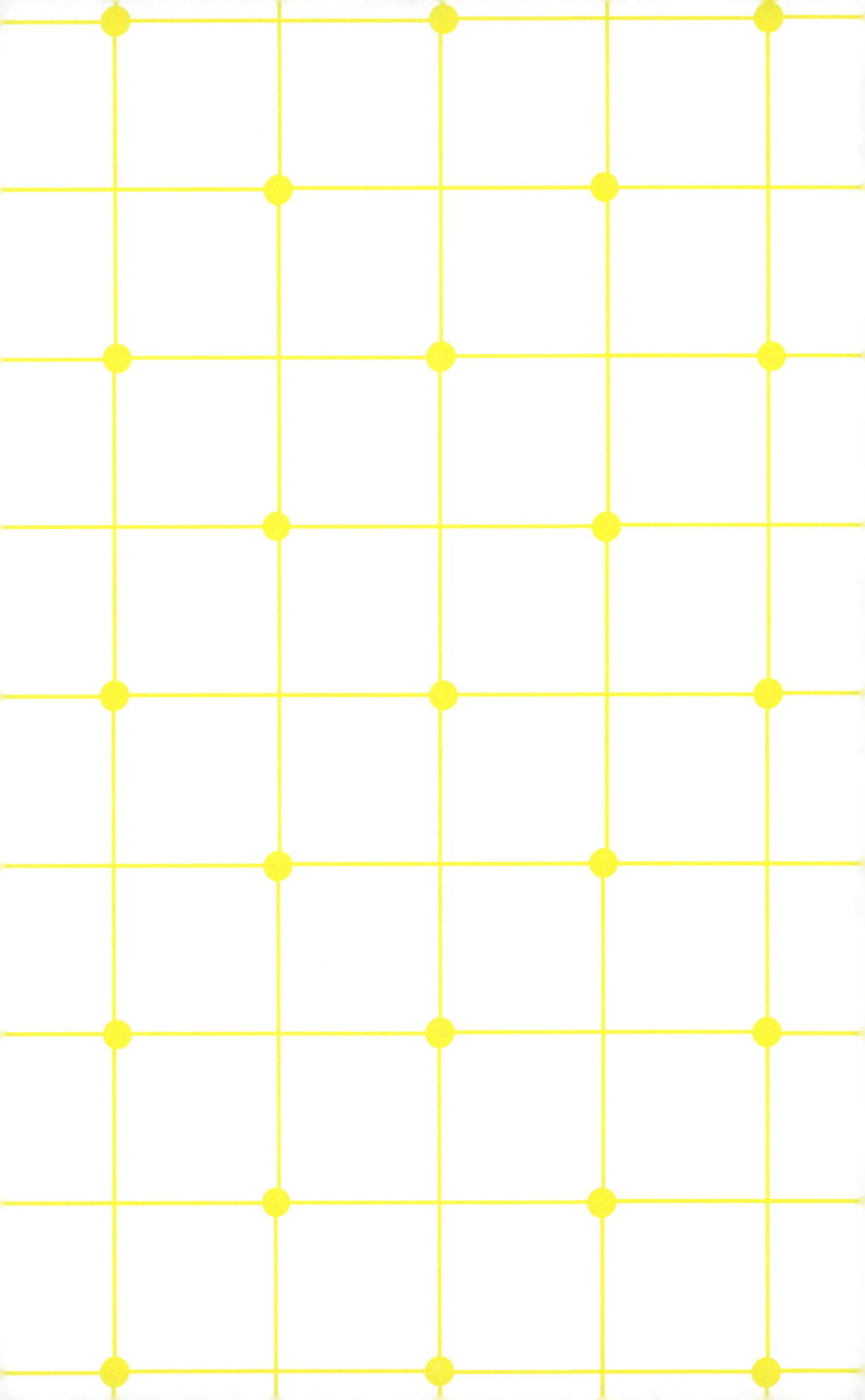

EXPLIQUER QU'ON NE LE FERA PAS

(mais gentiment)

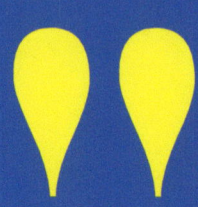

Hélas, cela ne va pas être possible

Je vais être dans l'obligation de rejeter votre demande

Je suis désolé.e, mais nous sommes dans l'incapacité de faire suite à cette requête

Cela ne va pas fonctionner, il faut faire confiance aux équipes

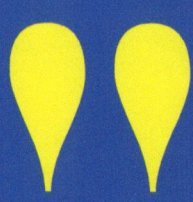

Nos équipes ne sont pas disponibles pour le moment

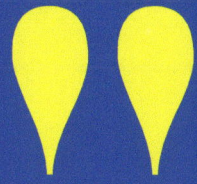

Ceci n'est pas réalisable

 Il faut que j'y réfléchisse

Je n'ai pas les compétences pour mener à bien cette idée

Voici ce que je peux faire :

Je ne vais pas pouvoir vous suivre sur ce projet

Un événement soudain m'oblige à refuser votre offre

Désolé.e, je ne peux pas

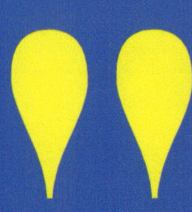

On va prendre quelques temps pour réfléchir à la faisabilité de cette idée

Je suis dans le regret de devoir dire non

Je vous présente mes excuses, mais je ne sais pas faire ceci

Je ne crois pas en la pertinence de ceci

À vous de jouer.

www.ingramcontent.com/pod-product-compliance
Lightning Source LLC
Chambersburg PA
CBHW041948240526
45473CB00036B/2531